AF268017

# J.-F.-S. WORBE

DU MÊME AUTEUR :

Notice historique sur Pierre Gontier (de Roanne),
conseiller et médecin ordinaire du Roy (1621-
1686) ; par Octave de Viry. Roanne, Durand,
libraire-éditeur, 1863. In-8º, 30 pages.

Les du Verney (Etudes historiques et médicales
sur le Forez) ; par le Dr Octave de Viry. Lyon,
imprimerie d'Aimé Vingtrinier, 1869. In-8º,
30 pages.

Roanne. — Imprimerie MARION et VIGNAL.

# NOTICE HISTORIQUE

SUR

# J.-F.-S. WORBE

PAR

LE D<sup>r</sup> OCTAVE DE VIRY

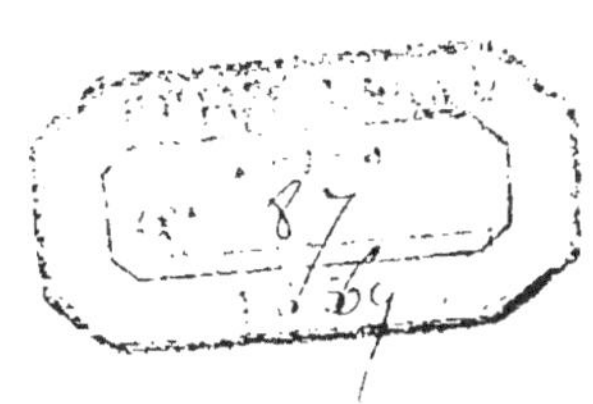

## ROANNE

DURAND, LIBRAIRE-ÉDITEUR

RUE DU COLLÉGE

1869

# NOTICE HISTORIQUE

SUR

# J.-F.-S. WORBE

———

Ex irà scio cuncta prodire mala.
( CHŒREMON. )

Peut-on rencontrer une individualité plus étonnante que celle dont nous essayons de saisir les traits ? Il s'agit, en effet, d'un de ces hommes bizarres dont l'existence, agitée et remplie par les évènements les plus extraordinaires, est bien faite pour donner carrière aux imaginations romanesques. Tel fut le sort de Worbe ; car ce que la tradition nous transmet sur son compte emprunte bien plutôt les couleurs de la légende que celles de l'histoire véritable.

Aussi nous a-t-il fallu, pour dégager com-

plètement la physionomie de ce personnage
singulier des ombres que le temps avait
amassées autour d'elle, compter plus sur
nous-même que sur ce que les historio-
graphes du pays pouvaient nous révéler. Sans
doute l'érudit J. Guillien, dans ses importants
travaux d'histoire locale, n'avait pas laissé
échapper l'occasion de parler de la satire de
Worbe ; mais on ne saurait y trouver la
substance d'une biographie. Il n'est que juste,
cependant, de faire une exception en faveur
de M. le docteur Charnay, ancien secrétaire
et collaborateur du médecin en chef du Val-
de-Grâce, qui vient de détacher de ses *Recherches sur les Hommes remarquables de
l'arrondissement de Roanne* la notice, malheureusement trop courte, de son confrère
Worbe, dans laquelle nous avons puisé quelques faits (1).

Mais, ce qui nous a surtout admirablement
servi, ce sont, d'une part, des documents

(1) *Journal de Roanne* (numéro du 4 juillet 1869). M. le
Rédacteur de la feuille roannaise a joint une note complé-
mentaire à l'article de M. Charnay.

précieux émanant de Worbe lui-même (1),
et, de l'autre, les renseignements fournis
avec une rare complaisance par l'honorable
M. Gromard, maire de la ville de Dreux,
auquel nous sommes heureux de pouvoir
offrir l'hommage public de notre reconnaissance.

Devions-nous accorder une place au médecin satirique dans nos études médicales sur
le Forez ? Worbe, il est vrai, est étranger à
ce pays par l'origine ; mais il nous appartient
par le long séjour qu'il fit dans nos murs, et
la satire acerbe avec laquelle il paya l'hos-

(1) Nous faisons allusion à une liasse contenant quelques brochures (thèses, mémoires, etc.), et des papiers
parmi lesquels se trouvent : un mémoire apologétique et
justificatif pour Worbe, détenu à Sainte-Pélagie, entièrement écrit de sa main ; une copie du réquisitoire de M. l'a-
vocat-général Bellard, dans la malheureuse affaire Billaud ;
une ordonnance de la Cour pour faire jouir Worbe des
dispositions contenues dans le testament de M. Jean-Jé-
rôme Goyet de Lyvron, qui l'instituait (chose étrange !(
son légataire universel, etc...... Tous ces documents
avaient été obligeamment remis à feu M. le docteur Arthur de Viry, par l'honorable famille de son collègue,
M. Babad, l'ami privilégié et le confident de Worbe.

pitalité de nos compatriotes donne le droit de scruter sa vie. Il va sans dire que nous ne confondrons pas Worbe avec nos Falconet et nos du Verney ; l'illustration de ce personnage est bien différente de la leur, mais l'histoire ne la renie pas. Voici donc ce qu'il nous a été permis de recueillir à son sujet :

Jean-François-Sébastien Worbe était né à Dreux (Eure-et-Loir), le 27 décembre 1771. Une curieuse note, écrite de sa main (1), ne nous laissait aucun doute sur le lieu de sa naissance ; mais, en présence de l'assertion contraire d'un contemporain qui l'avait connu (2), nous avons tenu à éclaircir le fait. M. le maire de Dreux a bien voulu nous adresser un extrait des anciens registres paroissiaux de cette ville (3), qui tranche

(1) Note pour Worbe, détenu à Sainte-Pélagie. (Fonds Babad. Bibl. du D' A. de Viry.) On y lit ces mots : « Jean-François-Sébastien Worbe habitait Dreux, *sa patrie....* »

(2) M. le docteur Charnay fait naître Worbe à Vendôme.

(3) Il ne nous a pas paru inutile de reproduire ici l'acte de baptême de Worbe :

« L'an mil sept cent soixante-et-onze, le vendredi vingt-sept décembre, nous soussigné Nicolas Le Roy, prêtre-vi-

entièrement la difficulté en nous confirmant
dans notre opinion.

La famille du docteur Worbe était ori-
ginaire du comté de Neuchâtel en Suisse,
où il existait, de temps immémorial, une
bourgeoisie dotée des plus riches priviléges.
Jean-Mathieu Worbe, son père, qui joignait au
titre de citoyen de la petite ville helvétique
celui de bourgeois de Pontarlier en Franche-
Comté, était venu le premier s'établir à Dreux,
où il s'était marié. Une fortune très-modeste
lui permit d'acheter une petite charge d'huissier dont le maigre revenu suffisait à peine à
l'entretien de sa famille. Mais la Providence

caire de Saint-Pierre de Dreux, avons baptisé *Jean-François-Sébastien*, né aujourd'hui du légitime mariage de
maître Jean-Mathieu Worbe, huissier royal à Dreux, ori-
ginaire de la comté de Neufchâtel en Suisse, bourgeois
de la ville de Pontarlier en Franche-Comtée, et de Louise
Allais, de cette paroisse. Le parrain, maître Sébastien
Delangle, greffier au bailliage de Dreux, et la marraine,
dame Françoise Oudard, veuve de feu maître François
Le Lateur, ancien greffier ès-juridictions royalles de
Dreux, qui ont imposé les noms, et ont signé avec nous et
le père.

« Signé : Worbe sic ; Delangle ; Oudard, veuve Le
Lateur ; et le Roy, vic. »

avait placé près du berceau du jeune enfant une respectable dame qu'une position aisée mettait à même de faire le bien.

Madame de Villarceaux (1), sa marraine, veilla avec une touchante sollicitude à l'éducation de son filleul, dont les petites gentillesses lui gagnèrent de plus en plus le cœur, et c'est d'elle qu'il reçut ces manières distinguées qui sont, d'ordinaire, l'apanage des classes élevées. Lorsqu'il fut parvenu à l'âge où l'intelligence commence à se développer, sa généreuse protectrice le plaça au séminaire de Chartres, où il fit de fortes classes. Là ne se bornèrent pas les bienfaits de cette marraine qui comprenait si bien ses devoirs : peut-être avait-elle eu un instant l'espoir de voir son protégé se consacrer à la vie religieuse ; mais lorsqu'elle eut reconnu que son esprit avait d'autres aspirations, elle ne songea plus qu'à lui créer une belle position dans le monde, et, afin de lui laisser le choix

(1) Françoise Oudard, veuve Le Lateur, avait épousé en deuxièmes noces un sieur de Villarceaux.

d'une carrière suivant ses goûts et ses apti-
tudes, elle l'envoya à Paris pour suivre les
cours de l'Ecole de médecine et ceux de
l'Ecole de droit. Doué d'une remarquable
facilité pour le travail, il sut mener de front
ces deux études, se reposant de l'aridité de
la science de Barthole et de Cujas par le
piquant intérêt des grands problèmes de la
physiologie humaine. Il ne négligea aucune
des branches si complexes de la médecine, et
dut plus d'une fois, dans le cours de sa vie,
se féliciter d'avoir utilement employé ses
jeunes années.

Le studieux élève était sur le point d'être
revêtu, à peu de jours d'intervalle, de la
robe de Rabelais et de celle d'avocat, et il
allait opter entre les deux plus nobles profes-
sions auxquelles puisse s'appliquer un esprit
indépendant, lorsque les évènements politi-
ques qui se précipitaient vinrent interrompre
ses études. Le canon qui tonnait aux frontiè-
res de l'Est inaugurait cette ère glorieuse,
mais sanglante pour la France, qui devait
durer plus de vingt ans. La République était

en quête de chirurgiens pour ses armées : on dépeuplait les universités , et on arrachait même de vieux praticiens à leurs malades pour les entraîner sous les drapeaux. Worbe reçut, comme la plupart de ses camarades, un brevet de chirurgien avec l'ordre de rejoindre un des corps qui occupaient la Belgique. Le départ ne fut pas triste ; car, à cet âge heureux où était notre étudiant, on s'éprend facilement de ces généreuses idées que fait naître l'enthousiasme guerrier. Comme il fut, depuis, partisan peu déguisé de la Révolution , on peut supposer avec quelque raison que la cause que soutenaient alors les armes de la France devait exciter au plus haut degré sa sympathie.

Toutefois, la vie des camps était peu faite pour satisfaire les penchants de Worbe pour l'étude ; aussi désira-t-il bientôt rentrer dans la vie civile.

Au milieu des scènes de meurtre et de carnage dont la France offrait alors le hideux spectacle, son génie tutélaire semblait l'avoir abandonné : la hache et le marteau détruisaient tout, mais rien ne s'élevait encore des ruines. Cependant la chute des deux Robespierre et de leurs lieutenants dans la province venait de faire cesser l'affreux règne de la Terreur. L'espérance renaissait : les idées nouvelles s'épuraient et se complétaient au contact des vieilles idées ; une civilisation nouvelle s'ébauchait ! Bonaparte jetait, par ses rapides victoires, le fondement de sa future puissance : comprenant que c'est de la religion que les choses humaines empruntent leur prestige le plus éclatant, il allait bientôt rendre les églises au culte du vrai Dieu et réorganiser sur de nouvelles bases les hôpitaux dépossédés de leurs biens par les décrets de la Convention. En attendant, ceux qui étaient au pouvoir, sachant que la grandeur d'une nation dépend autant et plus encore de son niveau intellectuel que du nombre et de la force de ses escadrons, ouvraient de toutes parts des écoles, et faisaient appel à tous les hommes capables de créer un enseignement en harmonie avec les besoins de la société moderne. Excellente occasion pour Worbe de troquer la trousse du chirurgien contre la férule du professeur !

Ce ne fut pas vainement qu'il sollicita cette faveur, car nous le trouvons, avant 1800, en possession d'une chaire de physique et de chimie expérimentales à Dreux. A cette époque ( 25 vendémiaire an VIII), il fut nommé aux mêmes fonctions à l'Ecole centrale du département de la Loire, établie à Roanne depuis peu d'années (1). Worbe trouva dans

(1) Dès le 12 ventôse an II, la municipalité de Roanne avait fait des démarches pour avoir l'Ecole centrale du département. Dans un mémoire adressé au gouvernement, on avait fait valoir les richesses de l'ancien collége des PP. Jésuites, dont la bibliothèque ( aujourd'hui celle de la ville ) ne comptait pas moins de 25,000 volumes, et où il y avait un cabinet de physique estimé 16,000 livres· On vint à bout d'intéresser les administrateurs en faveur de Roanne, et, le 1er frimaire an V, ensuite d'un décret du 16 brumaire de la même année, rendu en exécution de la loi du 3 brumaire sur l'instruction, on procéda en grande pompe à l'installation de l'Ecole centrale. MM. Michon du Marais, Huc de la Blanche et Grégoire présidaient l'assemblée en qualité de membres du jury de l'instruction publique. Un piquet de la garde nationale y assistait ; la foule était nombreuse. M. du Marais, ancien député à l'Assemblée législative, président du jury, fit un discours sur les bienfaits de l'instruction, après quoi on lut le règlement qui devait régir la

notre ville un magnifique cabinet de physique ; mais, hélas ! il se vit seul — *ne musca quidem* — en présence de ses cornues et de ses instruments ! Il ne manquait au nouveau professeur que les disciples destinés à recueillir ses leçons ; c'est, du moins, ce qu'a pu constater M. le docteur Charnay (1).

Las sans doute de l'inaction à laquelle le condamnait la triste position de professeur sans élèves, et avide de se faire connaître, Worbe eut l'heureuse idée d'initier à l'anatomie et à la chirurgie deux jeunes Roannais, dont l'un devint médecin d'armée, et l'autre exerça, non sans quelque distinction, l'art des accouchements dans notre ville (2). Mais en dehors de ces leçons et des heures qu'il consacrait au travail de cabinet, il restait encore de longs loisirs à notre professeur.

nouvelle école. La cérémonie se termina par un compliment aux organisateurs qu'on fit débiter par un élève.

*Notes extraites des registres de la municipalité de Roanne*, par le docteur A. de Viry, conservateur de la bibliothèque municipale.

(1) Voyez *Journal de Roanne* (4 juillet 1869).

(2) MM. Lapierre et Lamblot.

Il dut, à cause de cela, rechercher avidement toutes les distractions que pouvait offrir une petite ville dont la société, un moment dispersée par la tourmente révolutionnaire, commençait à peine à se reconstituer. Quelques familles cependant réunissaient un petit nombre d'intimes, parmi lesquels Worbe réussit à se faire admettre. Son esprit vif et alerte, sa conversation fine et souvent caustique, sa figure expressive et agréable sans être jolie, et, par-dessus tout, le soin qu'il prit de plaire aux femmes, lui ouvrirent les portes de tous les salons. Malheureusement il ne sut pas fermer son cœur aux séductions de quelques-unes de nos aimables compatriotes ; l'histoire scandaleuse raconte même certaine aventure qui fut loin de se terminer à l'avantage du maladroit braconnier, et fut probablement la clôture de ses galants exploits. Mais nous n'avons pas à nous arrêter plus longtemps sur cette période de la vie de Worbe, où les épines accompagnèrent les roses (1).

(1) Cette anecdote est racontée par M. Charnay (*Journal de Roanne*, 4 juillet 1869).

Le cercle de ses relations s'étant étendu de plus en plus, il ne tarda pas à pouvoir mettre à profit ses connaissances en médecine. Il sut habilement se pousser dans la clientèle, et bientôt, tant par son mérite que par les protections de quelques amis, il entra à l'hôpital de Roanne, où nous le voyons, peu de temps après, avec le titre de Médecin en chef. On sait déjà comment son brusque départ pour la Belgique était venu l'empêcher de prendre ses derniers grades : il n'était encore qu'officier de santé, suivant la loi du 19 ventôse an II, et son caractère hautain ne pouvait s'accommoder de cette humble qualification, lorsque ses collègues en renom dans le pays étaient docteurs.

Aussi, le 10 pluviôse an XII (1804), Worbe soutint-il une thèse pour le doctorat devant la Faculté de Paris, ayant pour juges le botaniste Richard, Petit-Radel, qui était le cauchemar des candidats, et le célèbre chirurgien d'armée des Genettes. Cet opuscule a pour titre : *Dissertation sur la théorie des fièvres et le traitement des inter-*

2

*mittentes* (1). L'auteur s'y déclare partisan enthousiaste des idées de Brown, et fait l'application rigoureuse des principes de ce médecin à la thérapeutique des pyrexies.

Passant successivement en revue la doctrine des fièvres telle qu'elle a été comprise et exposée par tous les maîtres depuis le père de la médecine jusqu'au réformateur écossais, il arrive à cette singulière conclusion que ni Hippocrate, ni Celse, ni Fernel, ni Van-Helmont, ni Boerhaave, ni Stoll, ni Cullen n'ont rien pu entrevoir que de faux ou d'incomplet, et qu'il a fallu l'éclair du génie de Brown pour dissiper les obscurités de cette question. Il fait de son modèle un de ces hommes dont les systèmes ne doivent pas passer, se refusant à voir que le fondement de l'édifice, l'idée de *l'asthénie* et de la *sthénie*, calquée sur le *laxum* et le *strictum*, le frappait d'une mort anticipée, et que Brown, confondu avec Thémison, devait être

---

(1) A Paris, de l'imprimerie des Annales du Musée, quai Bonaparte, n° 25; in 4°, 25 pages.

relégué avec lui dans les oubliettes de l'histoire de la médecine.

Le traitement des fièvres intermittentes, tel qu'il est institué par Worbe dans sa thèse, s'éloigne peu de la méthode qui a été suivie par tous les praticiens instruits, depuis les sages préceptes tracés par le grand Sydenham, pour l'administration du quinquina. Il est vrai que, dans la pensée du candidat, l'écorce du Pérou n'agit que comme tonique simple : ce qui le prouve, c'est le soin qu'il prend de lui donner pour adjuvants des alcooliques purs, des vins chauds d'Espagne et autres remèdes tirés de la classe des excitants.

Puisque nous avons abordé le chapitre de la pratique médicale de Worbe, nous dirons aussi quelques mots de ses rapports confraternels. Tous ceux qui l'ont connu s'accordent à dire qu'il était d'une intolérance sans égale en médecine : plus brownien que Brown lui-même, il ne souffrait pas qu'on attaquât devant lui les théories de son maître. Il était si peu endurant sur ce point, qu'il avait constamment la main levée sur quiconque n'était pas prêt à brûler son encens à la divinité d'un nouveau genre dont il s'était fait tout à la fois l'évangéliste ardent et le rude champion. Lorsque sa logique ne triomphait pas assez vite de son interlocuteur, il employait les coups de canne. C'est ce qui arriva dans une discussion un peu vive que notre homme eut au sortir de l'hôpital avec le chirurgien Bourdon, un confrère *à poigne*, comme on dirait aujourd'hui, qui, ripostant à l'aide du même argument, ne permit pas que Brown pût triompher. Le provocateur de ce singulier duel en sortit avec quelques bonnes contusions et un ridicule immense qui, malheureusement, ne le corrigea point de ses emportements (1).

Personne assurément n'oserait faire un crime à un homme de ses opinions scientifiques, fussent-elles les plus extravagantes qui aient jamais germé dans un cerveau hu-

(1. M. le docteur Charnay raconte ce même fait *Journal de Roanne* .

main : aussi serions – nous plutôt porté à
plaindre Worbe qu'à le blâmer de s'être laissé
séduire par les idées de Brown, et d'en avoir
adopté la pratique dangereuse, si nous avions
la certitude qu'il ait été réellement con-
vaincu de leur excellence. Il serait d'autant
plus excusable dans ce cas, qu'il n'aurait fait
que partager la faute d'un grand nombre de
ses contemporains, qui continuèrent à prodi-
guer leur admiration à l'apôtre de la médecine incendiaire, jusqu'au jour où Broussais,
par la force de sa critique, contraignit la
médecine à rentrer dans une voie plus sûre
et plus rationnelle.

Mais un doute pénible assiége notre esprit : Worbe avait trop d'instruction et un
tact trop fin pour s'être laissé prendre aux
subtilités trompeuses d'un homme qui fut
plutôt métaphysicien que médecin. Comment
avait-il pu accepter les idées absolues du
rêveur écossais cherchant ses inspirations
dans l'ivresse que procurent les plus perni-
cieuses boissons alcooliques ? Cela ne tombe
pas sous les sens, et, malgré la violence qu'il

mit à soutenir la cause qu'il avait embrassée, sa bonne foi peut paraître suspecte.

Il est à peu près certain qu'il fut poussé dans cette regrettable ligne de conduite par un irrésistible penchant pour la controverse et un incurable besoin d'opposition qui l'eût fait changer brusquement d'avis au moment d'une entente possible avec son interlocuteur, tant était grand pour lui le charme de la discussion.

On pensera peut-être que, à l'aide de quelques corrections du genre de celle que lui infligea son confrère Bourdon, et le feu de la jeunesse se passant, Worbe avait pu se corriger de son détestable défaut. Hélas ! il n'en fut rien. Son caractère devint de plus en plus aigre et plus irritable ; il apporta de jour en jour plus d'excitation aux discussions qu'il engageait avec tous et à propos de tout. Les conversations même les plus indifférentes dégénéraient avec lui en véritables disputes. Cependant, comme nous le verrons plus tard, la médecine et la politique eurent surtout le privilége d'exciter sa verve incandescente.

Toujours en hostilité avec ses confrères, il foudroyait de ses mordantes épigrammes les plus inoffensifs, publiant partout leur ignorance ou leur incurie. Trop habile pour attaquer ouvertement ceux qui auraient pu se défendre, il s'efforçait, par de petites menées, d'amoindrir leur réputation : il nourrissait contre tous une haine qu'une jalousie inquiète venait sans cesse réchauffer.

L'excessive irritabilité de Worbe lui avait fait, à Roanne, une position exceptionnelle, et le rendait suspect à beaucoup de gens qu'on ne saurait critiquer d'avoir recherché une tranquillité sur laquelle on ne devait pas compter avec lui. Beaucoup de maris n'avaient pu oublier ses galanteries, et bon nombre de mères étaient pardonnables de trembler en pensant au forcené brownien toujours prêt à corriger une asthénie chimérique. Bref, malgré l'instruction qu'on lui reconnaissait généralement, tout autre médecin lui était préféré. Bon an, mal an, il gagnait pourtant de quoi vivre modestement, et ne faisait guère parler de lui que par quel-

ques excentricités de caractère et par son
culte pour le Paracelse du XVIII<sup>e</sup> siècle, lorsqu'il conquit subitement une sorte de célé-
brité en jouant au Juvénal dans un virulent
pamphlet dirigé contre la société de Roanne.

Il est nécessaire d'entrer dans quelques
détails à ce sujet. C'était vers 1807 : M. Goyet
de Lyvron-Tharon, un des plus riches et
des plus considérés de notre ville, avait un
jeune enfant gravement malade. Après le
médecin ordinaire de la maison, toute la
faculté roannaise avait été appelée en consultation, et déclarait unanimement que l'art
n'avait plus rien à faire, et que tout salut
était impossible, à moins que la nature, qui
offre tant de ressources dans les maladies, ne
vînt opérer un de ces heureux miracles que
les charlatans savent si adroitement exploiter.
Le docteur Worbe n'avait pas été mis dans
le cas de donner son avis ; son caractère
intraitable l'avait fait rejeter de l'assemblée
de médecins réunis auprès du moribond.
Cependant, on vient murmurer aux oreilles
des parents désolés que Worbe se fait fort

de rendre la santé à leur cher enfant. Il n'en fallait pas tant pour qu'on le fît mander en toute hâte à l'hôtel de Lyvron.

Worbe exige que la direction du petit malade lui soit confiée exclusivement. Il n'avait point tort en cela ; car, en dépit de la vogue des consultations à plusieurs médecins, le vieil axiôme restera toujours vrai :

*Non plures medici, sed satis unus erit.*

Tous ses collègues sont congédiés, et le traitement est changé de fond en comble. Enfin — et c'était l'essentiel — après une longue convalescence, pendant laquelle le médecin prodigue ses visites, l'enfant guérit. Les salutaires efforts de la nature avaient-ils servi, à son insu, l'audacieux médecin ? L'effet tardif des remèdes administrés par ses confrères était-il la cause de la guérison, ou Worbe, réellement plus clairvoyant qu'eux, avait-il porté un diagnostic plus juste, et choisi un traitement plus convenable ? On peut se livrer aux suppositions qu'on voudra ;

en définitive, ce sera toujours la boite à l'encre.

Quoi qu'il en soit d'ailleurs, l'enfant était *sauvé !...* Worbe n'avait rien de mieux à faire que de se retirer satisfait ; et, en attendant la reconnaissance du grand seigneur, il jouit sans mesure de la supériorité que venait de lui donner cette cure merveilleuse. Rien n'était plus propre, en effet, à mettre en relief l'heureux médecin : il n'y avait plus assez de bouches à Roanne pour chanter ses louanges, aux dépens de ses confrères. Il eut véritablement un beau moment, mais il fut de courte durée. Tout changea lorsque vint le quart-d'heure de Rabelais.

Plusieurs versions expliquent, à des points de vue différents, la brouille de M. de Lyvron avec le docteur Worbe. Tous sont d'accord sur un point : c'est qu'il n'y eut pas moyen de s'entendre sur le chiffre des honoraires ; mais nous croyons qu'il y a beaucoup d'exagération dans le jugement que quelques-uns portent sur la parcimonie de M. de Lyvron. On nous a assuré qu'il avait cru reconnaître convenablement les services de Worbe en lui offrant quatre mille francs. Cette somme fut jugée tout à fait insuffisante par le docteur, qui présenta un mémoire où il élevait ses prétentions jusqu'à douze mille francs. La somme était ronde ! et il y a gros à parier que tout autre que « *l'avare Tharon* » eût hésité à payer une note aussi exorbitante.

Un procès régla le différend. Worbe ne voulut confier à personne le soin de le défendre ; d'autres moins indulgents prétendent qu'il ne put intéresser aucun avocat à sa cause. On se souvient qu'il avait fait son droit à Paris ; plus tard, il avait subi les épreuves de la licence à Grenoble (1). Il court prêter serment devant la Cour impériale de Paris, et revient confiant dans son bon droit et son talent. « Le jour des débats, » dit le *Journal de Roanne* (2), la salle

(1 Parmi les titres que se donne Worbe dans une brochure publiée en 1811, nous trouvons celui-ci : « *In consultissimâ facultate Grationopolitanâ juris doctor designatus....* »

(2 4 juillet 1869.

» d'audience se trouva trop petite, et une
» foule de curieux et d'amateurs de scan-
» dale dut rester dehors. Worbe plaida ; ja-
» mais sa verve railleuse, son amère ironie
» ne s'étaient exercées avec autant d'autorité
» et de logique.... » Tout cela fut cependant
en pure perte, car le Tribunal, appréciant
peut-être un peu mesquinement ce qui était
dû au docteur, réduisit ses honoraires à onze
cents francs !

Quel coup de foudre pour le pauvre avocat !
c'était, il faut en convenir, un début mal-
heureux ! Peindre son dépit, sa rage, serait
chose impossible. Il avait bien, pour se con-
soler, l'idée que ses juges avaient été cor-
rompus ; mais cela ne lui suffisait pas. Sentant bien que son amour-propre aurait trop à
souffrir s'il restait à Roanne, Worbe résolut
de quitter l'ingrate cité, jurant de se venger
de l'insulte publique qu'il venait de recevoir,
et de la risée générale dont il avait été l'objet.

Ce fut à Dreux qu'il vint alors planter sa
tente. Il y trouva Madame de Villarceaux,
empressée, comme autrefois, à lui venir en

aide. Elle le recueillit dans sa maison, le pa-
tronna auprès de ses connaissances, et tâcha,
à force de douceur et de raisonnements, de
faire taire ses ressentiments. Cependant,
Worbe ne perdait pas de vue ses projets, et
méditait une vengeance éclatante. Il se mit
à travailler à une satire en vers, sur laquelle
il inscrivit ce simple titre : *La Lanterne
magique de Roanne, par un physicien du
pays* (1). Une surprenante facilité, excitée
encore par les passions qui le dominaient,
lui rendit cette tâche aisée, et, dès 1811, il
fut en mesure de répandre à profusion son
œuvre dans la ville de Roanne.

(1 *La Lanterne magique de Roanne*, qu'on désigne par-
fois sous le nom de *Roanne-Satyre*, n'a jamais été impri-
mée ; mais il en existe à Roanne une grande quantité de
copies. Les plus complètes contiennent un avant-propos
et des notes qu'on prétend avoir été ajoutées après coup
par un ami du satirique. Nous ne garantissons nullement
l'exactitude de cette version. La plupart des exemplaires
comptent 526 vers alexandrins. Vingt-deux vers ont été
rejetés dans les notes de certaines copies : ce sont ceux
qui se rapportent à l'épisode du jeu. L'auteur avait jugé
lui-même qu'ils ralentissaient la marche de la satire.

Personne n'était épargné dans cette *mon-tre* d'une nouvelle espèce, où chaque compa-rant, objet de l'inimitié personnelle de l'auteur ou innocente victime de la rime, se présentait avec un bagage plus ou moins écrasant de petits ridicules, de travers d'esprit. de difformités physiques, d'habitudes mauvaises ou de vices honteux. Franchissant sans pudeur le seuil sacré de la vie intime, Worbe pénètre dans l'intérieur des familles ; n'allez pas croire au moins qu'il cache les personnes sous des noms de guerre : chacun est désigné clairement. Sans respect pour les ministres de l'autel comme pour les honorables magistrats de la ville, il ne ménage pas même ce sexe aimable dont il avait reçu jadis de si précieuses faveurs, et d'une main indiscrète il dévoile une à une toutes ses faiblesses. Mais il réserve ses meilleures épithètes pour M. de Lyvron et ses amis : il y revient toujours avec un nouveau plaisir. Il n'a eu garde d'oublier ses confrères : c'est aussi un sujet où sa verve ne tarit jamais. Enfin il fallait être bien peu de chose à

Roanne pour n'avoir pas sur le nez une goutte de la bile âcre du docteur Worbe.

Il est impossible également de ne pas remarquer l'acharnement que met le satirique à bafouer la noblesse. S'érigeant en véritable juge d'armes, il dresse des généalogies que n'eussent à coup sûr signé ni d'Hozier, ni l'incorruptible Chérin, mais dont les mauvais plaisants proclamèrent avec empressement l'authenticité. Nous avons vu des gens qui, en pareille matière, auraient juré par Worbe comme on jure par un élève de l'École des chartes. N'y en a-t-il pas qui ont pris au sérieux la plaisante histoire de l'anoblissement par *l'omelette* et autres billevesées auxquelles nous ne devons pas nous arrêter ?

Les suppositions les plus inadmissibles, les fables les plus grossières, rien ne faisait reculer *l'enragé docteur :* il savait à merveille qu'il reste toujours quelque chose de la calomnie. On a dit — et cela mérite considération — que Worbe s'était proposé de faire la guerre aux préjugés, et que ses coups

étaient dirigés contre la *pseudo-noblesse*,
c'est-à-dire contre ces irréguliers qui prennent prétexte d'un petit champ, d'un vieux
pigeonnier, pour s'affubler d'un misérable
hochet qui ne fut en aucun temps un signe
de noblesse. S'il en était ainsi, nous ne saurions qu'applaudir ; mais on devine aisément
un but moins louable sous les grossièretés
dont Worbe abreuve les familles les plus
honorables, et qui — sans être du sang des
Montmorency ou des Châteaubriand — n'en
avaient pas moins des titres légitimement
acquis par une longue suite de services dans
la magistrature ou dans l'armée.

Faut-il le dire ? aucune friandise littéraire
ne fut plus goûtée que cette satire effrontée.
On aurait peine à concevoir un pareil engouement, si on ne savait qu'il est précisément
dans la nature de l'homme d'oublier promptement ses propres meurtrissures pour ne
songer qu'à ce qui blesse le prochain. Dans
les lieux publics, dans les petits comités, on
lut la satire, et chacun en casa quelques vers
plus incisifs dans sa tête. On vit même des

gens capables de la réciter d'un bout à l'autre.

Tous ne prirent pas cependant un égal plaisir à la lecture du manuscrit de Worbe ; les plus maltraités ne pouvaient en rire, ils se fâchèrent rouge. — Quelques-uns parlèrent d'aller couper les oreilles au mécréant ; mais l'avis des plus sages prévalut, et on courba la tête pour laisser passer la bombe.

Pendant que toute la ville de Roanne était ainsi en émoi, Worbe n'avait pas perdu de temps, et venait d'obtenir la place de suppléant de la justice de paix à Dreux (1). Ses fonctions judiciaires ne le détournèrent pas de la médecine : il s'y livra même avec plus d'ardeur que jamais. Depuis longtemps membre des Sociétés médicale et galvanique de Paris, et de la Société d'Emulation de Poitiers, il se fit agréger à la Société de Médecine du département de l'Eure, dont il devint

(1) L'honorable M. Gromard croit qu'il fut juge suppléant au Tribunal de première instance de Dreux. Dans la note manuscrite dont nous avons parlé, Worbe dit lui-même avoir été suppléant de la justice de paix.

un des correspondants les plus actifs , comme le témoignent les nombreux mémoires qu'il présenta de 1810 à 1816 (1).

(1) Nous citerons, parmi ces mémoires : 1º De Enteritide observatio quam recensuit J.-F.-S. Worbe. (*Excerpta è diario medico Ebroicensi edito*, mense januario 1811) ; pet. in-8º. Ebroicis, apud J.-J.-L. Ancelle, 1811, 8 pages. — 2º Observation sur un vice de conformation des organes sexuels, par M. J.-F.-S. Worbe, D.-M. à Dreux, etc... (Extrait du *Bulletin des Sciences médicales du département de l'Eure*, trimestre d'avril 1812) ; pet. in-8º. J.-J.-L. Ancelle, à Evreux , 1812. — 3º Consultation médico-légale sur une question de vie. (Extrait du *Bulletin des Sciences médicales du département de l'Eure*, 2ᵉ trimestre 1811). Evreux , J.-J.-L. Ancelle, 1811. — 4º Lettre du docteur Rosario Taddei . sur un cas singulier de grossesse extra-utérine , adressée au docteur Andria , et réflexions du docteur Audria sur la lettre du docteur Taddei ; le tout traduit de l'italien, et extrait critique par M. J.-F.-S. Worbe, licencié en droit, docteur en médecine , etc.... (Inséré dans le *Bulletin de la Société de médecine de l'Eure*, janvier 1810). Evreux , Ancelle , imprimeur, pet. in-8º, 16 pages. — 5º Observation et réflexions sur une dyspnée, lues en séance publique de la Société de Médecine de l'Eure, par M. Worbe, d. m. p., correspondant à Dreux. (*Exempl. avec un envoi de l'auteur à M. Richard de la Prade, dʳ-méd. à Montbrison*). Evreux , Ancelle, imprimeur, 1814, pet. in-8º, 10 pages. — 6º Mémoire sur une rupture du ventricule gauche du cœur, par J.-F.-S. Worbe, licencié en droit et docteur en médecine, etc... Evreux, Ancelle , imprimeur, 1816, pet. in-8º, 19 pages.

Sur ces entrefaites, l'empereur Napoléon, trahi par la fortune à Waterloo, venait de prendre une seconde fois le chemin de l'exil, et le comte de Provence était monté sur le trône de ses ancêtres sous le nom de Louis XVIII. Le retour des Bourbons, qui faisait espérer une paix dont la France avait un si grand besoin, fut salué avec enthousiasme par le plus grand nombre, malgré ce qu'il nous coûta de dures conditions. Il y eut cependant une fraction assez considérable du peuple et de l'armée qui conserva au fond du cœur le souvenir du grand capitaine. L'ex-chirurgien des armées républicaines, se sentant peu de sympathie pour le fils de saint Louis, se mit sans balancer dans le camp des mécontents.

A la suite d'un voyage qu'il fit à Paris, on l'accusa, à tort ou à raison, de faire partie d'une société secrète, et d'avoir ourdi une

*Exempl. avec envoi de l'auteur à M. Alcock, substitut du procureur du Roi).*

Toutes ces brochures appartiennent à la bibliothèque du docteur Arthur de Viry (*Fonds Babad*).

conspiration contre le gouvernement. Désigné comme dangereux au préfet d'Eure-et-
Loir, il fut arrêté et conduit à Chartres
devant ce magistrat, le 11 octobre 1815 (1).
Là il fut soumis à un interrogatoire qui,
tout en le déchargeant de ce qu'il y avait de
plus grave dans l'accusation portée contre lui,
ne suffit pas à établir complètement son
innocence. Il eut beau protester de sa fidélité
au roi, il ne put en imposer à M. de Breteuil,
alors préfet d'Eure-et-Loir, et n'obtint sa
liberté qu'au prix de son internement dans la

(1) Worbe nous fait connaître lui-même le mandat
d'arrêt lancé contre lui ; il est conçu dans les termes
suivants :

« Au commandant de la gendarmerie de Chartres.

» M. le Commandant,

» Je vous prie de faire arrêter le plus promptement
» possible et conduire devant moi le sieur Worbe, sup-
» pléant du juge de paix de Dreux. Cet individu paraît
» dangereux par les propos qu'il ose tenir ; il est en même
» temps médecin et avocat. Je tiens beaucoup à son
» arrestation. — Agréez, M. le Commandant, etc.

» Signé : le comte de BRETEUIL. »

Note pour Worbe, détenu à Sainte-Pélagie ).

ville de Paris, sous la surveillance de la haute police.

Worbe n'était pas homme à supporter long-temps cet état de choses ; il fit tant et si bien, qu'un ancien conseiller d'Etat (1) s'intéressa à son sort, et parvint à fléchir la volonté de M. de Breteuil. Il était à peine rentré dans sa famille depuis trois semaines, que son détestable caractère lui suscita une affaire fort grave, qui le plongea, comme il le dit lui-même, dans le plus grand des malheurs.

Nous étions arrivés à cette époque néfaste où la Restauration, poussée par d'imprudents réactionnaires, fit couler le sang des héros de l'Empire. Cruelles et inutiles représailles ! Ney, Labédoyère, et tant d'autres braves, étaient tombés sous les balles royalistes ; Mouton-Duvernet, malgré le dévouement célèbre d'une noble famille forézienne, s'était stoïquement livré à ses bourreaux. Un tel égarement ne pouvait qu'exciter la haine des partis nés de la révolution contre la race

(1) M. Benoit.

généreuse des Bourbons. L'opposition parlait plus haut que jamais ; chaque jour de nouveaux conflits survenaient dans les grandes villes : l'excitation la plus vive était dans les deux camps.

La petite ville de Dreux ne restait pas en dehors de cette agitation, et Worbe, en présence des manifestations qui se produisaient en faveur du gouvernement, avait retrouvé toute son ardeur pour la discussion. Un jour qu'il était entré, comme de coutume, chez un peintre de ses amis, connu par ses opinions légitimistes, il trouva celui-ci occupé à peindre des panneaux armoriés pour le service qu'on devait célébrer en l'honneur du duc de Penthièvre. Billaud (c'était le nom de l'artiste) eut le tort de provoquer en quelque sorte son irascible visiteur, en lui disant sur le ton de la plaisanterie : « Voilà qui ne fera pas plaisir aux *Robespierristes !* » Il n'en fallut pas davantage pour enflammer la fureur de l'atrabilaire docteur. La discussion prit du premier coup le diapason le plus élevé, et se changea bientôt en une rixe où le sang coula. Worbe, paraît-il, avait constamment sur lui un poignard dont il se servit pour frapper son adversaire à la poitrine : heureusement, la colère qui agitait son bras ne permit pas que la blessure fût grave. Lorsque les voisins et la force publique arrivèrent, attirés par les cris de la victime, on fut dans un grand embarras : Worbe et Billaud criaient tous deux à l'assassin, et il était difficile de savoir quel avait été l'agresseur ; l'un et l'autre étaient blessés.

Après les premières informations, on se borna à arrêter Worbe ; et, pour être véridique, il faut ajouter qu'on usa envers lui d'une rigueur inouïe. Pendant la nuit qui suivit, il fut garrotté ; un chien énorme, toujours prêt à se jeter sur lui, fut enchaîné aux pieds de son lit. L'esprit de parti, surexcité par les circonstances dont nous avons parlé, envenimait évidemment cette malheureuse affaire, et on voulait voir un vaste complot tramé contre les royalistes, où il n'y avait réellement qu'un malheur à déplorer.

A la cour d'assises, Worbe vint s'asseoir au

banc des accusés ; un grand nombre de té-
moins à charge ou à décharge furent en-
tendus ; des chirurgiens experts lurent un
rapport, après examen attentif des blessures
des deux parties, qui concluait à la culpa-
bilité de leur confrère, et un arrêt rigoureux
prononça la peine des travaux forcés à per-
pétuité, sur les conclusions de M. le procureur général Bellart (1).

Worbe avait alors quarante-cinq ans ; il
était donc dans toute la force de l'âge, et ne
pouvait se résigner à perdre pour toujours sa
liberté. Pour adoucir la rigueur de son sort,
il songea à implorer la clémence d'un mo-
narque débonnaire : il eut alors recours à sa
plume, non plus celle qui lui avait servi
jadis pour écrire sa satire, mais une plume
d'où découlaient l'encens et la flatterie, et
l'on vit l'apologiste des principes de 93 écrire
l'éloge de l'infortuné Louis XVI (2).

(1) L'arrêt est du 12 juin 1816. La rixe entre Worbe et
Billaud avait eu lieu le 5 mars de la même année.
(2) Worbe avait aussi fait le panégyrique de Pascal :
malgré nos recherches, nous n'avons pu nous procurer ni
l'un ni l'autre de ces deux essais littéraires.

Le cœur du roi en fut-il réellement touché ? — Cela n'a rien d'impossible ; mais ce qu'il y a de positif, c'est que le P. Elisée, premier chirurgien de Sa Majesté, ne fut pas étranger à la grâce qui fut accordée à Worbe, par ordonnance royale du 11 octobre 1816. — Sa peine était commuée en dix années de réclusion, qu'il avait la liberté de faire à Sainte-Pélagie.

M. le maire de Dreux, auquel nous sommes redevable d'une infinité de détails pleins d'intérêt sur les dernières années de la vie de Worbe, nous apprend qu'il eut souvent, dans sa prison, la visite du P. Elisée, et que le médecin jésuite venait en secret le consulter pour le roi, dont les jambes étaient parvenues à un état purulent. Le prisonnier indiqua un onguent, et fit suivre un régime qui amenèrent une grande amélioration dans la santé de l'illustre malade.

Worbe crut qu'un pareil service valait bien la remise entière de sa peine. Ce fut alors qu'il rédigea la note justificative, sorte de supplique adressée au roi et aux magistrats, dont nous possédons une copie de la main du solliciteur. L'archiâtre lui donna un dernier coup d'épaule, et les portes de sa prison s'ouvrirent, après une captivité qui avait duré un peu plus de deux ans.

Dreux le revit alors, mais plus exaspéré et plus irrité que jamais contre les hommes et les choses. Un fâcheux événement vint encore contribuer à aigrir son caractère — si cela se pouvait. Madame de Villarceaux, chez laquelle il était logé, mourut dans un âge avancé, lui laissant cinquante arpents de terre par son testament. C'était une petite fortune pour le pauvre docteur ! Il fallut bien que les héritiers vinssent se mettre à la traverse : la validité du legs fut attaquée, et le tribunal déposséda le filleul de la défunte.

Cette nouvelle épreuve, en le privant des ressources sur lesquelles il avait compté, le décida à quitter sa ville natale, et il vint cacher sa pauvreté à Paris, dans un petit appartement de l'île Saint-Louis. Worbe lutta courageusement contre la misère, suppléant ses confrères pendant leurs absences, fournissant des articles à la *Gazette de Médecine*, et composant des thèses pour les aspirants au doctorat. En un mot, il reprit à cinquante ans cette vie de bohême, pleine d'incidents gais ou tristes, admirablement dépeints par le pinceau de Mürger. Ce n'était plus par goût que Worbe menait cette existence insouciante du lendemain, mais par une dure nécessité ! Il déployait cependant une activité toute juvénile dans ses différentes occupations. Ayant conservé quelque chose de son inclination pour la contradiction, il mit à profit ses connaissances en matière de droit pour critiquer les grands travaux auxquels se livrait Orfila : il contestait toutes ses expériences, et prétendaitles détruire. — Il paraît réellement que Worbe avait eu quelquefois raison contre l'éminent médecin-légiste.

Le métier d'homme de lettres et de critique rapporte peu, et, quant à la clientèle, elle est longue à venir dans une ville où quelques sommités se partagent les riches malades, abandonnant au vulgaire des médecins la populace des faubourgs, qui paie peu ou

rien. Worbe était dans le plus complet dénû-
ment : sa fierté l'empêchait d'en convenir
vis à vis des amis qui le visitaient en assez
grand nombre (1). Le besoin le chassa de
Paris.

Le *Journal de Roanne* (2) raconte avec
beaucoup d'esprit la surprise d'un de nos
compatriotes, reconnaissant l'auteur de la satire sous l'habit d'un vénérable Père qui
prêchait dans une église de Paris. Il n'en
pouvait croire ses yeux, et cependant, nous
dit-il, c'était bien Worbe devenu capucin !
— Nous avons acquis la certitude que cette
jolie version, donnée d'ailleurs sous toutes
réserves par l'honorable rédacteur de la feuille
roannaise, est sans aucun fondement.

Une pénitence bien autrement dure que
les austérités de la vie monacale attendait

---

(1) On recherchait la conversation attachante et ins-
tructive de Worbe : sa chambre était un véritable am-
phithéâtre où il se faisait un plaisir d'initier la jeunesse
studieuse aux secrets des sciences qu'il connaissait. Beaucoup de Roannais furent admis à ces cours.

(2) 4 juillet 1869.

Worbe à Dreux , dont il venait de prendre une dernière fois le chemin. Il n'y trouva plus d'amis ; l'âcreté de son humeur, sa misanthropie toujours croissante lui rendaient tous les gens hostiles ou indifférents. Réduit à soigner d'aussi pauvres que lui , nous dit M. Gromard ; manquant de tout — même du strict nécessaire — usé par les chagrins, les privations — et qui sait peut-être — les remords, il mourut à Dreux , le 2 mai 1836 (1). On eût pu le voir alors expirant, non sous la robe de bure de capucin , mais sous les haillons de la misère !

On ne trouva rien chez lui , pas même l'argent destiné à payer le triste convoi du pauvre ! Mais , touchante preuve d'une confraternité qui n'est pas vaine ! ce furent les docteurs et les pharmaciens de la ville de Dreux qui se chargèrent généreusement de ses frais funéraires.

Tel fut Worbe qui , avec une intelligence

(1) Extrait mortuaire de J.-F.-S. Worbe ( Reg. de l'état civil de Dreux, du 5 mai 1836. Signé : *Demonferrand*).

d'élite et une instruction peu commune, eût
pu briller au premier rang parmi ses contemporains, si, avec plus de calme et de phi-
losophie, il avait su dominer ses passions
mauvaises.

www.ingramcontent.com/pod-product-compliance
Lightning Source LLC
Chambersburg PA
CBHW061300050726
47594CB00004B/1555